AF229040

DANS QUEL ESPRIT

SERONT FAITES

LES ÉLECTIONS?

IMPRIMERIE ANTHELME BOUCHER, RUE DES BONS-ENFANS, N°. 34.

DANS QUEL ESPRIT

SERONT FAITES

LES ÉLECTIONS?

PARIS,

CHEZ PONTHIEU, LIBRAIRE, PALAIS-ROYAL,

GALERIES DE BOIS, N°. 252.

M. DCCC. XXIII.

DANS QUEL ESPRIT

SERONT FAITES

LES ÉLECTIONS?

Dans *quel esprit seront faites les élections?* Voilà ce qu'il importe de connaître, et ce que nous pouvons faire connaître. Cette grande question a commencé à se résoudre le 7 avril dernier quand le Prince Généralissime a franchi la Bidassoa à la tête de son armée; elle s'est résolue à Madrid lorsqu'il a convoqué les anciennes cortès de Castille et le conseil des Grandes-Indes pour former une régence; elle s'est résolue en même temps en France lorsque le Roi faisait distribuer dans les colléges des médailles pour exciter l'émulation de la jeunesse et récompenser les premiers travaux de ces jeunes nourrissons des Muses, qui un jour seront appelés à élire et à fournir des députés à la nation; cette question s'est résolue le 10 juillet dernier, lorsque le public, intéressé par des soumissions chez MM. de Rothschild frères, a employé son or-

gane pour offrir 89 fr. 55 cent. des 23,114,516 fr.
de rentes que le ministère avait mis en vente ;
cette question s'est résolue dans tous les départemens méridionaux par les acclamations qui se
sont fait entendre sur la route tenue par l'héroïne de Bordeaux ; cette grande question s'est
résolue dans la métropole, lorsque notre monarque a consacré le quart d'une de ses précieuses
journées à examiner dans les plus grands détails
les produits de l'industrie française exposés dans
le palais de nos rois; lorsqu'on a vu les députés
de l'extrême gauche rechercher avec empressement le suffrage auguste de Louis XVIII; enfin
cette grande question nationale, dans quel esprit seront faites les élections? qui se trouve résolue sur tous les points de la France, se décidait en même temps sous les murs de Cadix, où
la vaillance de nos soldats commandés en personne par un Prince de la famille royale, tenant
d'une main son épée, chassait du continent le
reste des révolutionnaires, et offrait de l'autre
une branche d'olivier aux habitans de la Péninsule; examinons l'influence salutaire de tous ces
événemens, et nous y trouverons les destinées
qui planent sur nos têtes.

Si jamais il fut important d'envoyer à la
Chambre des députés dont l'opinion soit pure
et sans tache, c'est bien aujourd'hui que doit

être consommé le grand œuvre de la restaura-
tion ; il est des lois organiques qu'on n'a encore
pu présenter, parce que les idées n'étaient pas
assez mûres, et que la divergence des opinions
était trop grande ; une fois arrivé à cette unité
monarchique, de pouvoir et de principes, qui
constitue l'harmonie dans le monde social, nous
jouirons d'un bonheur inconnu à nos aïeux ;
l'histoire n'offre pas d'exemple d'une alliance
sainte contractée par des têtes couronnées pour
la stabilité des empires et le repos des peuples ;
excepté l'Angleterre où il règne beaucoup d'abus,
l'histoire n'offre pas non plus d'exemple d'un
royaume où les actes législatifs soient discutés et
votés par une Chambre patricienne et une chambre plébéienne, appelées à maintenir l'équilibre
entre les droits des citoyens et les prérogatives
royales.

L'approche des élections est une époque à-la-
fois désirée et redoutée des libéraux ; désirée,
parce qu'ils espèrent reconquérir le terrain perdu
l'année précédente ; redoutée, parce que s'ils
éprouvent encore une défaite comme on n'en
saurait douter, il ne leur reste pas même l'es-
poir de pouvoir jamais recouvrir l'influence nécessaire pour favoriser leurs iniques projets, ni
soutenir ces bruits inquiétans répandus à point

nommé , démentis le même jour par l'évidence, et le lendemain par le fait.

Ceci nous amène naturellement à examiner pourquoi les bruits absurdes que l'on répand à la Bourse prennent quelquefois une consistance assez forte pour influer momentanément sur le cours des fonds publics ; on a beau dire de tous côtés ce sont des nouvelles de fabrique, cela n'est pas possible , ce sera démenti demain ; néanmoins , au milieu de toutes ces clameurs , l'effet se produit comme si la chose était réelle ; d'abord les personnes intéressées par leurs opérations à accréditer une nouvelle mauvaise ne manquent jamais d'en tirer parti et de la prôner, comme s'ils la tenaient de source certaine : ensuite les autres, car il faut admettre que presque tous ceux qui fréquentent la Bourse ont quelque rente vendue ou achetée par spéculation ; les autres, disons-nous , qui ont une affaire commencée , sont ébahis, pour ne pas dire hébêtés , à la moindre nouvelle qu'on leur apprend ; car l'expérience a démontré que tout individu, quelque fond d'instruction , de bon sens qu'il ait , n'est plus le même homme quand il joue à la Bourse , ou quand il n'y joue point ; le joueur a sans cesse l'imagination frappée, et, dans cet état de stupeur , il est porté à croire toutes les absurdités qu'on lui rapporte; et c'est de cette absence morale dont profitent les fabricans de fausses nouvelles pour favoriser leurs vues criminelles; aussi est-ce à la Bourse que les meneurs ont établi leur quartier-général; c'est là qu'est leur foyer; mais on a déjà tant abusé de ce moyen, que maintenant on ne fait aucun cas des bruits répandus à la Bourse, malgré l'emphase avec laquelle les feuilles libérales se plaisent à les rapporter avec leurs moindres détails.

Les libéraux crient de toutes parts: portez vos suffrages sur telle personne aux élections; il est grand propriétaire, il possède des biens immenses; il est le premier intéressé au repos et à la tranquillité publique; il a toutes les qualités privées qui constituent un bon citoyen; jamais l'infortuné ne l'a imploré en vain. Méfiez-vous de ces éloges pompeux: une partie de ce que l'on vous dit là peut être vraie; mais l'individu que l'on vous désigne n'en est pas moins dangereux : c'est un homme qui brigue les honneurs, les dignités; c'est un homme qui sacrifierait sa fortune pour arriver aux hautes fonctions de l'Etat, dans la vue de tout bouleverser; c'est un homme tourmenté, non par la soif de l'or, mais par la soif du pouvoir. Sans contester qu'il soit des plus honnêtes en affaires particulières, c'est un homme capable des actions les plus basses et les plus viles pour satisfaire le désir insatiable qu'il a de parvenir aux charges publiques. De telles gens sont les fléaux de leur patrie; on ne saurait trop les signaler, afin que la vindicte publique en fasse justice. S'il n'est point de lois politiques pour les sévir, il est des lois morales qui peuvent les frapper; ils ne sauraient éviter le mépris et l'exécration qu'ils inspirent à tous les bons et loyaux Français.

Les grands propriétaires qui siégent à l'extrême gauche ne sont-ils pas les soutiens du parti libéral? Ce sont eux qui déclament sans cesse contre les mesures énergiques du gouvernement, et qui taxent de faiblesse la douceur qu'apporte dans leur gestion ceux qui sont à la tête du pouvoir administratif; ce sont eux qui tonnent sans cesse contre les prétendus abus du ministère. Tous ces raisonnemens captieux nous démontrent qu'on accuse les actes du gouvernement pour attaquer les Ministres, et qu'en attaquant les Ministres on vise à saper les droits de la couronne, car les Ministres sont eux-mêmes la première marche du trône.

La faiblesse des partisans de l'opposition est si excessive qu'ils ne peuvent plus la dissimuler.

Voici leurs propres paroles tirées d'un de leurs écrits hebdomadaires (1) : *Quelques députés de la gauche vont rentrer encore ; mais le plus grand nombre sera éliminé. Au prochain renouvellement on en éliminera encore davantage ; et bientôt il ne restera plus d'eux que leur souvenir.*

Des malveillans répandent que les royalistes sont divisés d'opinion ; on va jusqu'à dire qu'il y a les royalistes ministériels et les royalistes de la congrégation ; on veut, contre toute vraisemblance, qu'il règne des nuances diverses parmi les défenseurs de la bonne cause , comme si les honnêtes gens pouvaient avoir diverses manières de juger et d'agir dans des circonstances absolument semblables. Vainement on allègue que M. de Villèle est entraîné par la force de prétendus préjugés aristocratiques ; le croirait-on, on ose même dire qu'il lutte, et qu'il est maîtrisé par une influence monacale et jésuitique. Toutes ces absurdités, plus ou moins grossières les unes que les autres, s'expliquent d'elles-mêmes : les libéraux qui, pour se soutenir, souhaitent la discorde dans les grands corps

---

(1) *Tablettes universelles*, 43ᵉ. livraison (Politique intérieure.)

de l'Etat, feignent que la guerre existe, et, à propos d'élection, ils vont nous citer les anciennes thèses de la Sorbonne, et ils parlent de controverse entre les jésuites, les oratoriens, les jansénistes et les molinistes : le démon de la philosophie redoute les lumières de la religion; il tremble à l'aspect du clergé, et il frémit à l'idée qu'un prélat vienne siéger à la Chambre des députés.

Est-il nécessaire qu'il y ait une opposition? Oui, l'opposition est inhérente à la formation de toute assemblée législative. A la dernière session, le côté gauche s'est retiré lors de l'exclusion de M. Manuel; à peine le centre et le côté droit se sont-ils trouvés seuls, que l'on a vu de suite se former une opposition digne d'une assemblée française : par le discernement de ses observations, la sagesse et la droiture de ses intentions, ils offraient le tableau de vrais législateurs. Mais quand une minorité ennemie de tous les actes du gouvernement, épilogue l'ordre du jour, la question de priorité, la présentation, l'ajournement, la discussion des projets de lois; quand elle conteste sans cesse au président le résultat des votes par assis et levé, les députés de la droite sont obligés de garder le silence; occupés à combattre et à terrasser la minorité, ils n'ont

ni le temps, ni la possibilité d'émettre leur opinion ; alors on ne discute plus sur le sens de la
loi , mais sur les opinions politiques, sur des ob-
jets personnels et sur des antécédens presque
toujours étrangers à l'ordre du jour.

Ne nous assoupissons pas, sortons de cette
coupable léthargie où nous croyons pouvoir vi-
vre. L'ange de la paix veille sur nous ; mais il exige
aussi que nous travaillions à déjouer toutes les
manœuvres que le parti libéral ne cesse d'ourdir
pour essayer quelque succès ; ne restons point
muets à la vue des perfidies de nos adversaires,
perfidies que le papier se refuse à tracer , qu'un
seul mot peut détruire , et c'est ce mot qu'il
faut toujours être prêt à prononcer : ici le silence est un crime , chacun se doit à ses conci-
toyens , et l'indifférence deviendrait égoïsme.

Une majorité morale et numérique est certaine sur tous les points du royaume ; le règne
du mal est fini ; c'est au pied des colonnes
d'Hercule que sont venus échouer les derniers
efforts des révolutionnaires ; une nouvelle régé-
nération est commandée par la force des circonstances , et tous les honnêtes gens sont prêts
à seconder de leurs efforts les mesures franches
et énergiques que réclament le repos de la France
et la stabilité des institutions politiques que nous
promet la sagesse royale : l'armée française a

dompté l'esprit de rébellion ; c'est à nous à re-
cueillir les fruits de la victoire, en envoyant à la
Chambre des députés qui adoptent des lois con-
servatrices qui fermeront à jamais l'abîme des
révolutions.

Les bannières royalistes sont sûres du triom-
phe ; elles veulent un succès complet, et elles
l'obtiendront par la modération et le calme qui
ont toujours présidé à leurs démarches franches
et sincères. Un candidat connu par son amour
pour la bonne cause, digne par son rang de
soutenir le trône et l'autel, et de combattre les
partisans de l'anarchie, est-il désigné ? c'est sur
lui seul que seront portés tous les suffrages ; là
où il doit y avoir un élu, il ne se trouvera qu'une
voix. Forts du sentiment de leur conscience, et
certains de l'approbation générale, les royalistes
écriront leur vote aux yeux du public; ils le
transmettront de même, semblables à cet ancien
sage qui aurait souhaité que sa maison fût de
verre afin que l'on pût voir toutes ses actions ;
ils éviteront toutes ces petites supercheries que
recherchent leurs adversaires pour déguiser
leur manière de penser et d'agir.

Heureuse France ! tu n'as plus à redouter ces
énergumènes dont la voix séditieuse ne se fait entendre que pour distribuer à grands flots le poison
de la discorde ; la sagesse a aujourd'hui un égal

accès chez toutes les classes de citoyens : émanée du trône du petit-fils de Henri IV, nous la retrouvons également chez l'électeur à cent écus, et chez l'électeur du grand collége ; tous deux également pénétrés de l'importance des devoirs qu'ils vont remplir, nous promettent des choix monarchiques, et nous verrons sortir de l'urne électorale des hommes également chers au Roi et à la nation.